Cuando Dios se Arrepiente

¿Pueden las cosas cambiar realmente?

F. Wayne Mac Leod

LIGHT TO MY PATH BOOK DISTRIBUTION

Sydney Mines, Nova Scotia, Canadá B1V 1Y5

Contents

PREFACIO

Este es un estudio sobre el corazón arrepentido de Dios. No es un tema del que he oído mucho, pero al cual el Señor me ha guiado a meditar hace algunas semanas. El asunto es delicado. Yo valoro y acepto completamente la gran verdad de la soberanía de Dios y Su naturaleza inmutable. Sin embargo, he llegado a descubrir que esto no significa que las cosas en la vida nunca se pueden cambiar. Dios no es inflexible. Se pueden restaurar bendiciones donde se ha declarado maldición, pero las bendiciones también pueden ser quitadas. Los dones que los siervos incrédulos no usan les pueden ser retirados. El juicio puede ser reemplazado por misericordia y perdón.

Existe un punto de vista fatalista que dice que nada puede cambiar porque ha sido determinado por Dios. Sin embargo, yo he llegado a apreciar la flexibilidad del propósito de Dios y cómo mi experiencia de Dios puede variar por medio de mi obediencia o desobediencia. También he llegado a apreciar de una manera más profunda el impacto de la oración y la fidelidad.

Nos alienta el hecho de que Dios tiene un corazón compasivo, pero esto no es algo que debamos dar por sentado. En el transcurso de este breve estudio veremos cómo Dios responde a nuestra obediencia y oraciones, pero además analizaremos cómo nuestra insistencia en la maldad también puede provocar que Él nos quite Su bendición.

Espero que este estudio le sirva de aliento. Yo mismo fui bendecido mientras examinaba los pasajes de las Escrituras que hablan sobre este aspecto del carácter de Dios. Y confío en que lo que el Señor me ha mostrado le fortalezca y anime en su andar personal con nuestro Salvador.

F. Wayne Mac Leod

Capítulo 1 – Introducción

...y se arrepintió del mal que había dicho que les haría, y no lo hizo. (Jon 3:10)

¿... y Jehová se arrepintió del mal que había hablado contra ellos? (Jer. 26:19)

La palabra del Señor vino a Samuel: «Me arrepiento de haber hecho rey a Saúl, pues se ha apartado de mí y no ha llevado a cabo mis instrucciones... (1 S. 15:10-11, NVI.)

Para comenzar este estudio permítame introducir el asunto que nos ocupa. Los tres textos citados al principio se encuentran entre una lista de versículos que tienen que ver con el tema de que Dios "se retracta" o "se arrepiente", y los uso para ilustrar el tema de este estudio. Dediquemos un momento a considerar estos versículos en su contexto.

Analicemos el ejemplo de Jonás 3:10. En el libro de Jonás tenemos la historia de este profeta, el cuál fue llamado a ir a Nínive con un mensaje del Señor. Observemos lo que Jonás habló a la gente de esta ciudad:

> *Y comenzó Jonás a entrar por la ciudad, camino de un día, y predicaba diciendo: De aquí a cuarenta días Nínive será destruida.* (Jon 3:4)

La palabra del profeta era bien clara. Dentro de un período de cuarenta días, Dios iba a destruir la ciudad de Nínive. Lo que Jonás dijo ese día dejó en shock a los habitantes de la ciudad. Sus palabras movieron a toda la nación a hacer algo respecto a su pecado y rebelión contra Dios. Todas las personas fueron movidas al arrepentimiento, desde el siervo más humilde de la tierra hasta el rey, quien decretó un ayuno a toda la ciudad, y le dijo a su pueblo que clamaran al Dios de Jonás por perdón. Y así lo hicieron, las personas se arrepintieron y se volvieron de sus caminos de rebelión. La profecía de Jonás los conmovió en verdad.

Es dentro de este contexto lo que leemos en Jonás 3:10:

> *Y vio Dios lo que hicieron, que se convirtieron de su mal camino; y se arrepintió del mal que había dicho que les haría, y no lo hizo.*

Lo llamativo aquí es la frase: "*...que había dicho que les haría, y no lo hizo*". ¿Cómo debemos entender este versículo? ¿Acaso Dios cambió de opinión? ¿Realmente Él dijo que haría algo y no lo hizo? Si este es el caso, ¿qué implica esto para nuestras vidas en la actualidad?

El segundo pasaje citado al principio de este capítulo es el de Jeremías 26:19, y está enmarcado en el contexto en que el profeta estaba siendo amenazado. El Señor profetizó juicio sobre la nación a través de su siervo Jeremías. Este profeta le dijo al pueblo de Jerusalén que si ellos no se arrepentían, Dios pondría la ciudad *"por maldición a todas las naciones de la tierra"* (Jer. 26:6). Cuando la gente oyó las palabras de Jeremías, lo agarraron diciendo: *"De cierto morirás"* (Jer. 26.8). Jeremías fue presentado ante los oficiales de la ciudad y llevado a juicio por traición.

Cuando el juicio de Jeremías se desarrollaba, los oficiales comenzaron a debatir su destino. Entre los presentes ese día se encontraban algunos ancianos de Jerusalén, quienes se levantaron en defensa del profeta y argumentaron usando una ilustración de la historia. Ellos usaron una ilustración de los días de Ezequías, rey de Judá. En aquellos días, un profeta llamado Miqueas de Moreset habló contra el pueblo de Judá de una manera similar diciéndoles:

> *"Sion será arada como campo, y Jerusalén vendrá a ser montones de ruinas, y el monte de la casa como cumbres de bosque"* (Jer. 26:18)

En el versículo 19 los ancianos se refirieron a la respuesta del piadoso rey Ezequías. Ellos les recordaron a los que estaban sentados en el juicio de Jeremías que Ezequías y la nación recibieron el mensaje como de parte de Dios y *"y suplicó el favor del Señor"* (LBLA). Veamos el resultado de este arrepentimiento según los ancianos en Jeremías 26:19:

> *"¿...y Jehová se arrepintió del mal que había hablado contra ellos?"*

Dios decidió no causar desastre en Jerusalén ese día. Nuevamente nos salta la pregunta: ¿Por qué Dios le diría a Miqueas de Moreset que profetizara que Él iba a arar a Sión como a un campo cuando al final no lo hizo? ¿Acaso esto convertía a Miqueas de Moreset en un falso profeta?

Déjeme concluir este capítulo introductorio con una última ilustración. En 1 Samuel 15 leemos la historia de cómo Dios mandó a Saúl a levantarse en guerra contra los amalecitas. Él debía destruirlos completamente. Hombres, mujeres, niños y animales, todos debían ser masacrados y no debían tomar nada de la ciudad (1 S 15:3). Sin embargo, cuando se desarrolló la batalla, Saúl le perdonó la vida al rey de Amalec y tomó las mejores ovejas, bueyes, becerros y corderos. Él y sus soldados solo masacraron lo que ellos consideraron que no tenía verdadero valor. Esto era una desobediencia directa al Señor.

Es en este contexto en que el Señor le habló a Samuel en 1 Samuel 15:11 diciendo:

> *«Me arrepiento de haber hecho rey a Saúl, pues se ha apartado de mí y no ha llevado a cabo mis instrucciones»* (1 S. 15:11, NVI)

¿Cómo es posible que Dios pudiera arrepentirse de algo que hizo? Dios lo sabe todo; nada lo toma por sorpresa. Todo lo que Él hace es bueno. Sin embargo, en este versículo Dios está expresando Su arrepentimiento por haber escogido a Saúl como rey.

Estos versículos nos presentan un desafío. Hace que nos hagamos una serie de preguntas que necesitan respuesta. ¿Cambia Dios de opinión? ¿Dice Él que hará algo y no lo hace? ¿Realmente se arrepiente Dios de las decisiones que toma?

En el transcurso de este estudio analizaremos una serie de versículos que hablan sobre cómo Dios "se retracta" o "se arrepiente". Nuestro propósito será tratar de dar sentido a estos versículos a la luz de lo que conocemos acerca de Dios como un Dios soberano y santo. Creo que la comprensión que tengamos de estos versículos impactará nuestras vidas de manera personal y nuestra relación con Dios. Quiera Dios que este estudio nos desafíe a comprender Su carácter. Que estos versículos sirvan para acercarnos más a Él como un Dios soberano y santo.

Capítulo 2 – El arrepentimiento de Dios

> *Y se arrepintió Jehová de haber hecho hombre en la tierra, y le dolió en su corazón.* (Gn 6.6)

En el capítulo introductorio dimos un vistazo a algunos versículos que mostraron que Dios se arrepintió o se retractó de hacer algo que Él dijo que haría. También vimos cómo Él expresó arrepentimiento por algunas decisiones que había tomado. La palabra hebrea para expresar que Dios se retracta o se arrepiente es la palabra "*naham*" y aparece 108 veces en el Antiguo Testamento. La palabra '*naham*' tiene varios significados (y en diferentes partes y versiones de la Biblia se traduce de la siguiente manera: arrepentirse, apiadarse, retractarse, cambiar de parecer, desistir, condolerse, tener compasión, pesar, entre otras). En este capítulo la veremos según como se expresa en Génesis 6.6 y en 1 Samuel 15:10-11,35.

Analicemos el texto de Génesis 6:6. El contexto de este versículo es la creciente corrupción de la tierra. Génesis 6 nos recuerda que las personas de la época de Noé se estaban apartando del Señor y se estaban casando entre ellos con los no creyentes de la tierra. Cuando Dios miró la tierra en esos días, percatémonos de lo que vio:

> *Y vio Jehová que la maldad de los hombres era mucha en la tierra, y que todo designio de los pensamientos del corazón de ellos era de continuo solamente el mal.* (Gn 6:5)

En este contexto es que leemos Génesis 6:6:

> *Y se arrepintió Jehová de haber hecho hombre en la tierra, y le dolió en su corazón.* (Gn 6.6) .

En este versículo es de especial importancia la conexión entre el arrepentimiento de Dios y el dolor que Él sintió en Su corazón. La palabra *naham* puede referirse a un sentido de aflicción o dolor como resultado de una acción realizada. El diccionario en internet define la palabra 'arrepentirse' de la siguiente manera:

> Sentir pesar por una acción u omisión. Sentir pesar y culpa por una acción pasada. Cambiar de opinión, hacer algo distinto a lo decidido.
>
> (www.thefreedictionary.com/arrepentirse).

A menudo pensamos en el arrepentimiento como fruto de una acción inapropiada o pecaminosa, pero esto no siempre es así. También podemos experimentar arrepentimiento al hacer algo que es bueno o necesario. En Génesis 6:6 Dios se arrepiente *"de haber hecho hombre en la tierra"*. Al observar la creación de los seres humanos en Génesis 1:27, vemos que Dios hizo al hombre a Su imagen. Veamos cómo Dios describió todo lo que hizo ese día:

> *Y vio Dios todo lo que había hecho, y he aquí que era bueno en gran manera. Y fue la tarde y la mañana el día sexto.* (Gn 1:31)

Es interesante notar que en el relato de la creación, esta es la única vez que Dios describe lo que Él hizo como bueno "en gran manera". Dios dice de las obras de los otros días que eran "buenas" (ver Génesis 1:4, 12, 18, 21); pero describe la obra del sexto día como buena "en gran manera". No cabe duda que la creación del hombre en el sexto día fue muy buena.

Cuando Dios nos dice que se arrepintió de hacer hombre en la tierra no se refiere a que cometió un error o hizo algo que no debió haber hecho. Lo que Él hizo cuando creó al hombre y a la mujer fue "bueno en gran manera". Su arrepentimiento no radicaba en lo que Él había hecho, sino en lo que el hombre se había convertido.

En esos días Dios estaba sintiendo dolor por Su decisión de crear a la humanidad con libre albedrío. Dios sintió pesar por la decisión que los hombres tomaron de apartarse de Él como su Creador y Sustentador. Arrepentirse es sentir dolor por las decisiones que hemos tomado. Dios decidió crear a la humanidad, y ahora veía cómo ésta le daba la espalda y se alejaba en rebelión.

Jesús narró la historia de un joven quien escogió tomar su herencia e irse de la casa de su padre. Aunque el mayor enfoque de esta historia de Lucas 15 está sobre el hijo y lo que le pasó, consideremos al padre por un momento. ¿Qué sentiría el padre al ver que su hijo, el fruto de sí mismo, dejaba el hogar y daba la espalda a todo lo que él le había enseñado? Analicemos el arrepentimiento del padre por lo que estaba sucediendo ese día. Pensemos en el sufrimiento y la tristeza que él sintió a causa de su hijo. Pensemos en el dolor del corazón del padre.

Esto es lo que estaba sucediendo en Génesis 6:6. El corazón de Dios estaba destrozado por lo que veía. Dios expresó Su arrepentimiento con un profundo dolor por la decisión que había tomado de crear hombre en la tierra. Aunque esta decisión era buena en gran manera, le dolía. Esta decisión tendría un costo y causaría un profundo dolor al corazón de Dios.

Cambiemos ahora nuestra atención a 1 Samuel 15:10-11, 35. Aquí le damos un vistazo al arrepentimiento de Dios en cuanto a Su elección de Saúl como rey.

> *La palabra del Señor vino a Samuel: «Me arrepiento de haber hecho rey a Saúl, pues se ha apartado de mí y no ha llevado a cabo mis instrucciones». (1 S 15:10-11, NVI.)*

> *Y nunca después vio Samuel a Saúl en toda su vida; y Samuel lloraba a Saúl; y Jehová se arrepentía de haber puesto a Saúl por rey sobre Israel. (1 S 15:35)*

Dios escogió a Saúl como el primer rey de Israel, y se lo reveló a través del profeta Samuel. Y Dios no solo escogió a este hombre en particular para que fuese rey, sino que también lo llenó con Su Espíritu y le dio un nuevo corazón. Analicemos lo que le sucedió a Saúl cuando Samuel le anunció el propósito de Dios para su vida:

> *Y sucedió que cuando él volvió la espalda para dejar a Samuel, Dios le cambió el corazón, y todas aquellas señales le acontecieron en aquel día. Cuando llegaron allá a la colina, he aquí, un grupo de profetas salió a su encuentro; y el Espíritu de Dios vino sobre él con gran poder, y profetizó entre ellos. Y sucedió que cuando todos los que le conocían de antes vieron que ahora profetizaba con los profetas, los del pueblo se decían unos a otros: ¿Qué le ha sucedido al*

hijo de Cis? ¿Está Saúl también entre los profetas? (1 S. 10:9-11, LBLA)

Dios hizo algo maravilloso en la vida de Saúl para prepararlo para la obra a la cual había sido llamado. De hecho, el cambio era notable para los que lo conocían, ya no era el mismo. Quienes lo conocían bien preguntaron: *"¿Qué le ha sucedido al hijo de Cis?"*.

Sin embargo, el problema fue que muy pronto Saúl se apartó de Dios y de la obra del Espíritu Santo en él; y en cambio decidió seguir su propio camino. Él puso en riesgo su relación con Dios y no obedeció completamente las instrucciones del Señor. Esto afligió tanto el corazón de Dios que al final dijo: *"Me arrepiento de haber hecho rey a Saúl"*.

La elección de Dios era buena. Él no solo escogió a Saúl, sino que le dio todo lo que necesitaba para que le fuera bien en su llamado. Sin embargo, Saúl no caminó en la provisión de Dios, sino que escogió su propio camino. Él le falló a Dios, no le obedeció de manera incondicional, y al final fue desechado por su infidelidad.

Dios se arrepintió de la buena decisión que había tomado de escoger a Saúl y prepararlo para el ministerio. En un sentido, este arrepentimiento era un sentimiento profundo de decepción de Su decisión excelente de que este hombre lo representara ante la nación.

Para concluir este capítulo, dediquemos un momento a meditar en lo que estos versículos nos enseñan acerca de Dios y nuestra relación con Él. Hay tres puntos que quiero señalar al respecto.

El arrepentimiento de Dios no es por causa de algún error de Su parte.

A medida que hemos analizado los textos de Génesis 6:6 y de 1 Samuel 15:10-11,35, ha quedado bien claro que el arrepentimiento de Dios no es debido a alguna falta de Su parte. Nosotros nos arrepentimos de malas decisiones que tomamos, de acciones pecaminosas. Sin embargo, no todo arrepentimiento es el resultado de un error; también podemos arrepentirnos y sentirnos muy decepcionados por la manera en que resultan las cosas, aún cuando hemos tomado buenas decisiones.

La decisión de Dios de crear a los seres humanos fue "buena en gran manera", y Su decisión de escoger a Saúl también fue buena. El arrepentimiento de Dios radicó en lo que los hombres hicieron con lo que Él les había dado.

Dios nos da libre albedrío para obedecer o desobedecer.

Esto nos conlleva al segundo punto importante de este capítulo. Dios creó a Adán y a Eva con libre albedrío. Su corazón anhelaba un pueblo que lo escogiera y lo amara no porque estuvieran forzados a hacerlo o programados, sino porque lo desearan de corazón. El amor forzado no es amor verdadero. La obediencia forzada es esclavitud. La verdadera intimidad solo se puede experimentar a través de la libre y voluntaria elección de ambos cónyuges.

Al crear a los seres humanos con libre albedrío, Dios les dio la libertad de obedecer o desobedecer. Podemos escoger unirnos a Él y caminar en comunión con Él, o darle la espalda. Podemos ser fieles en nuestro llamado y en el uso de nuestros dones espirituales o podemos hacer uso indebido de los mismos. Cada uno de nosotros tiene una decisión que tomar concerniente al llamado de Dios en nuestras vidas. Las personas de los días de Noé escogieron vivir sin depender de Dios y caminar lejos de Él. Saúl escogió ceder y desobedecer las instrucciones del Señor.

Dios siente profundo dolor cuando nos extraviamos y desperdiciamos nuestro potencial.

Dios siente profundo pesar cuando nosotros no lo escogemos a Él ni a Su propósito para nuestras vidas. Su corazón se quebranta cuando nos ve extraviarnos o alejarnos de Sus caminos excelentes; se aflige cuando no alcanzamos nuestro potencial por no caminar en fe y obediencia. Dios se duele por la pérdida de comunión con nosotros. Él es un Dios personal, que siente dolor y sufre inmensamente cuando nos perdemos lo mejor que tiene para nuestras vidas.

Entender el hecho de que Dios siente arrepentimiento nos ayuda a comprender exactamente cuánto le importamos. También nos desafía a caminar de manera que le agrade y le traiga satisfacción y gozo. Las personas de los días de Noé provocaron que Dios sintiera gran pesar por aquello que había creado. Saúl provocó que Dios sintiera pesar y decepción al escogerlo a él como rey sobre Su pueblo. ¿Cómo se siente Dios respecto a usted hoy? ¿Siente Él arrepentimiento por lo que usted ha decidido hacer con sus dones espirituales? ¿Acaso siente arrepentimiento por la manera en que ha escogido vivir su vida?

Cuando Dios nos dio la vida, también nos dio la libertad para andar en obediencia o desobediencia. Con esta libertad, Dios también aceptó el dolor y el arrepentimiento que sentiría al ver vidas desperdiciadas en rebelión y pecado. Él no nos obliga a caminar en obediencia; tampoco nos fuerza a alcanzar nuestro pleno potencial para Él. Nuestra libertad tiene un costo. Para Dios el costo es el arrepentimiento que siente cuando nos ve alejarnos de Él. Para nosotros, el costo es la pérdida de la comunión, la pérdida de nuestros frutos y el juicio de Dios por nuestra infidelidad.

Dios se lamenta al ver cómo se desperdicia el potencial, aún por descubrir, que tienen Sus hijos. Se aflige cuando experimenta la pérdida de la intimidad con Sus hijos. Esto no es lo que Él quiere para nosotros. Sin embargo, Él escoge sufrir la aflicción y el dolor antes que quitarnos la libertad de escoger obedecerle con un corazón dispuesto. Esto no significa que Él no continúe buscándonos. Su Espíritu nos seducirá y convencerá de pecado en un esfuerzo de acercarnos a Él; incluso, nos bloqueará el camino o nos disciplinará con la intención de protegernos para que no nos alejemos aún más. ¡No endurezcamos nuestros corazones a esta obra del Espíritu de Dios! ¡Que nuestras vidas traigan gozo a Dios en la medida que andamos en Sus caminos!

Estoy agradecido por un Dios que se arrepiente. A Él le importan mis intereses más profundos. Él es personal e íntimo conmigo, y desea ver que me convierto en todo aquello para lo cual fui creado y equipado para ser en Él.

Para Meditar:

- ¿Qué significa arrepentirse? ¿Podemos experimentar arrepentimiento por algo bueno que hemos hecho?

- ¿De qué se arrepiente Dios?

- ¿Cuál es el vínculo entre el libre albedrío que Dios nos ha dado y Su experiencia de arrepentimiento?

- Analicemos nuestras vidas y ministerios. ¿Existe algo que pudiera causar que Dios sintiera arrepentimiento?

- ¿Qué nos enseña sobre la naturaleza personal de Dios el hecho de que Él se arrepiente?

Para orar:

- Dediquemos un momento para agradecer al Señor por el dolor que siente cuando no alcanzamos nuestro potencial en Él. Démosle gracias porque en la actualidad Él tiene este interés personal en nosotros.

- Pidamos al Señor nos muestre si hay algo en nuestras vidas o ministerios que le aflija. Roguemos que nos fortalezca para caminar en mayor fidelidad a Él en esta área de la vida.

CAPÍTULO 3 – COMPASIÓN Y MISERICORDIA

Y envió Jehová el ángel a Jerusalén para destruirla; pero cuando él estaba destruyendo, miró Jehová y se arrepintió de aquel mal, y dijo al ángel que destruía: Basta ya; detén tu mano. (1 Cr. 21:15)

Se arrepintió Jehová de esto: No será, dijo Jehová. (Am. 7:3)

En este estudio donde estamos viendo que Dios se arrepiente y se retracta, introdujimos la palabra hebrea *"naham"* traducida como "arrepentirse". La idea es que Dios siente pesar respecto a Su creación cuando sus seres creados no alcanzan el potencial que Él diseño que tuviesen.

Según avanzamos en este estudio encontramos un segundo uso de esta palabra. Analicemos algunos ejemplos:

En el pasaje citado al comienzo de este capítulo (1 Crónicas 21:15) vemos que David había ordenado que se hiciera un censo del pueblo de Israel. David había hecho esto con soberbia y desobediencia ante el Señor, trayendo como resultado juicio de Dios sobre la nación. Aunque David se arrepintió de su pecado, Dios le dijo a través del profeta Gad que aún así lo castigaría por su rebelión. Dios envió una plaga sobre Israel la cual provocó que murieran 70 000 hombres (1 Cr. 21:14). Cuando el ángel del Señor se acercó a la ciudad de Jerusalén para destruirla, dice 1 Crónicas 21:15 que el Señor se *"arrepintió"* y le dijo al ángel destructor: *"Basta ya; detén tu mano"*. Dios había decretado un castigo, pero se retractó y detuvo completamente Su juicio.

Un uso similar de la palabra "arrepentirse" se encuentra en Jueces 2:18 donde leemos concerniente al pueblo de Israel:

> *Y cuando Jehová les levantaba jueces, Jehová estaba con el juez, y los libraba de mano de los enemigos todo el tiempo de aquel juez; porque Jehová era movido a misericordia por sus gemidos a causa de los que los oprimían y afligían. (Jue. 2:18)*

En este versículo la palabra hebrea "naham" (arrepentirse) se traduce con la expresión "movido a misericordia". Analicemos lo que estaba sucediendo en

Israel en aquellos días. El pueblo de Dios se alejaba de Él y de Sus caminos, y Dios los castigaba por sus pecados. Entonces, en su sufrimiento, las personas clamaban a Dios por perdón. Por tanto Dios se "arrepentía" (era movido a misericordia) y enviaba jueces para que los consolara en medio de sus problemas. Este ciclo de rebelión, arrepentimiento y consuelo se repetía vez tras vez en aquellos días.

El salmista meditaba en este ciclo cuando escribió el Salmo 106:42-45:

> *Sus enemigos los oprimieron, Y fueron quebrantados debajo de su mano. Muchas veces los libró; Mas ellos se rebelaron contra su consejo, Y fueron humillados por su maldad. Con todo, él miraba cuando estaban en angustia, Y oía su clamor; Y se acordaba de su pacto con ellos, Y se arrepentía conforme a la muchedumbre de sus misericordias.*

Percatémonos en el versículo 45 del vínculo que existe entre el arrepentimiento de Dios y la muchedumbre de Sus misericordias. En este sentido, el arrepentimiento de Dios habla de Su compasión y de Su misericordia en el juicio.

Permítame compartir otro pasaje que habla del arrepentimiento de Dios desde esta perspectiva. En Amós

7, el profeta narra acerca de una visión que el Señor le había dado. En esta visión, él vio un enjambre de langostas que venía a devorar la hierba de la tierra en un momento crucial de la cosecha, trayendo como resultado que el pueblo sufriera enormemente. Cuando el profeta Amós vio esta visión, clamó diciendo: *"Señor Jehová, perdona ahora; ¿quién levantará a Jacob? porque es pequeño"*. Veamos la respuesta del Señor a la oración de Amós a favor de las personas de su tiempo.

> Se arrepintió Jehová de esto: No será, dijo Jehová. (Am 7:3)

El Señor le dio a Amós una visión de lo que pasaría, pero luego (arrepentido) decidió no desencadenar la devastación de esta visión cuando el profeta clamó a Dios a favor del pueblo. El Señor oyó la oración de Amós y tuvo compasión de Su pueblo, retirando Su juicio. Este uso de la palabra "naham" (arrepentirse) nos muestra algo muy hermoso sobre el Señor. Revela Su increíble compasión y misericordia hacia Su pueblo. ¿Dónde estaríamos hoy si Dios no se arrepintiera y mostrara misericordia en nuestra rebelión y pecado?

¿Qué nos enseñan los versículos analizados en este estudio sobre el arrepentimiento de Dios? Permítame hacer referencia a algunas verdades.

El arrepentimiento de Dios nos muestra que Él es un Dios santo que juzgará el pecado.

En los versículos anteriores se nos recordaba que el Señor es un Dios santo que juzga el pecado. El pueblo de Dios sufrió las consecuencias de su pecado. Cuando David desobedeció a Dios y mando a censar al pueblo de Israel, el resultado fue la muerte de 70 000 hombres. Esto era un gran precio a pagar por la desobediencia y la soberbia. Como consecuencia de su pecado, el pueblo de Dios fue oprimido por naciones extranjeras, y en ocasiones esa opresión era extrema. Vemos un poco de esto en Jueces 6 cuando leemos:

> *Los hijos de Israel hicieron lo malo ante los ojos de Jehová; y Jehová los entregó en mano de Madián por siete años. Y la mano de Madián prevaleció contra Israel. Y los hijos de Israel, por causa de los madianitas, se hicieron cuevas en los montes, y cavernas, y lugares fortificados. Pues sucedía que cuando Israel había sembrado, subían los madianitas y amalecitas y los hijos del oriente contra ellos; subían y los atacaban. Y acampando contra ellos destruían los frutos de la tierra, hasta llegar a Gaza; y no dejaban qué comer en Israel, ni ovejas, ni bueyes, ni asnos.* (Jue 6:1-4)

El juicio de Dios sobre Israel por su pecado era muy severo. En este pasaje vemos cómo el pueblo de Dios fue restringido a vivir en cuevas y cavernas en las montañas para escapar de la furia y la injusticia de sus enemigos, quienes los despojaban de sus cosechas y animales, dejándolos sin nada para comer. Por su pecado, el pueblo de Dios fue rebajado a la pobreza y vivían escondidos por temor a sus enemigos. Este era el juicio de Dios por el pecado de ellos y el resultado directo de su desobediencia. Aunque Dios tenía un plan para bendecir a Su pueblo, también juzgaría su pecado y les quitaría esa bendición.

El arrepentimiento de Dios muestra que a Él le duele juzgar el pecado.

Debemos entender que cuando Dios juzga el pecado, Él no se complace en este juicio. Eso está bien claro en Ezequiel 33:11 donde leemos:

> *Diles: Vivo yo, dice Jehová el Señor, que no quiero la muerte del impío, sino que se vuelva el impío de su camino, y que viva. Volveos, volveos de vuestros malos caminos; ¿por qué moriréis, oh casa de Israel?*

En este pasaje Dios le pide al impío que abandone su camino de maldad. El Señor anhelaba que ellos se volvieran a Él y fueran perdonados, pues Él no se deleitaba en castigarlos. Cuando él desataba Su juicio se entristecía muchísimo.

A medida que analizamos el arrepentimiento de Dios en este capítulo, vimos que existe una fuerte conexión entre el arrepentimiento de Dios y Su compasión y misericordia por Su pueblo. Cuando Dios vio que el ángel destructor se acercaba a Jerusalén en 1 Crónicas 21:15, se arrepintió. *"Basta ya; detén tu mano"*, le gritó al ángel. No podemos leer este pasaje sin apreciar el sentido de dolor en el corazón de Dios mientras castigaba al pueblo en los días de David. Cuando leímos cómo Dios envió jueces a Su pueblo para liberarlos de la opresión causada por su rebelión, una vez más se nos recuerda Su compasión hacia ellos. Aunque este ciclo de desobediencia se repetía muchas veces en el pueblo de Israel, nuevamente el Señor volvía a mostrar compasión y arrepentimiento en medio de Su ira y juicio. ¡Cuán paciente y misericordioso es nuestro Dios!

Me animo mucho cuando leo que Dios se arrepiente en Su juicio, pues eso me muestra que Él es misericordioso al juzgar. Dios siente por mí, y Su corazón se conmueve por lo que tiene que hacer al corregirme o castigarme. El arrepentimiento de Dios me muestra Su naturaleza personal (que es una persona) y la realidad del dolor y la aflicción que siente al juzgar.

El arrepentimiento de Dios muestra que Él es compasivo en Su juicio.

En los ejemplos que usamos en este capítulo vimos cómo Dios se retractaba de Su juicio. Su juicio era muy real, pero era aplacado con compasión y misericordia. Él sentía el dolor de Su pueblo y a veces frenaba la total magnitud de Su castigo. Dios mostró misericordia al arrepentirse. Él no le dio a Su pueblo todo lo que ellos merecían. Al arrepentirse, Dios muestra gracia. Dios podía haber destruido a la nación de Israel a causa de su pecado. Sin embargo, en medio del castigo, Dios se retractó y escogió detener toda la magnitud de Su ira. Cuando Dios se arrepiente, está mostrando misericordia y compasión.

¿Dónde estaríamos hoy si Dios nos se hubiera arrepentido en Su juicio, aplacándolo con compasión y misericordia? El no está obligado a arrepentirse. Vemos en Jeremías 4:28:

> *Por esto se enlutará la tierra, y los cielos arriba se oscurecerán, porque hablé, lo pensé, y no me arrepentí, ni desistiré de ello.*

Las palabras del Señor a través de Jeremías son bien claras: *"no me arrepentí, ni desistiré de ello"*. Dios tiene todo el derecho de castigar el pecado sin arrepentirse o mostrar compasión. Aunque Su gracia y misericordia son abundantes, llega el momento en que toda Su ira se desata. Veamos lo que el Señor dijo nuevamente a través de Jeremías en el capítulo 15, versículo 6:

Tú me dejaste, dice Jehová; te volviste atrás; por tanto, yo extenderé sobre ti mi mano y te destruiré; estoy cansado de arrepentirme.

Es cierto que Dios se arrepiente de Su juicio y muestra una maravillosa misericordia y compasión por nosotros en nuestro pecado. Sin embargo, hay ocasiones cuando Dios se cansa de arrepentirse y decide desatar toda la furia de Su ira sobre el pecado. ¡Cuán agradecido debemos estar de que Dios se arrepiente en Su juicio y muestra compasión! Pero no deberíamos darlo por sentado, porque Dios es justo al castigar plenamente toda rebelión y pecado.

Para Meditar:

- ¿De qué manera el arrepentimiento de Dios muestra Su misericordia y compasión?

- ¿Dios siempre desata Su juicio en toda su extensión? ¿Siempre nos castiga como merecemos?

- ¿Qué nos enseña el arrepentimiento de Dios sobre sus sentimientos cuando tiene que castigar el pecado?

- Detengámonos un momento a meditar en cómo Dios se ha arrepentido de castigarnos como merecemos.

- ¿Está Dios obligado a arrepentirse?

Para Orar:

- Agradezcamos al Señor porque siente nuestro dolor y muestra compasión en Su juicio.

- Agradezcamos por la manera en que Él se ha arrepentido y ha decidido no mostrarnos toda la fuerza de Su ira.

- Pidamos a Dios nos ayude para nunca dar por sentado su arrepentimiento. Pidámosle nos ayude a vivir siempre agradecidos de Su misericordia en nuestras vidas que se muestra en Su arrepentimiento.

- ¿Conoce usted a alguien que se encuentra alejado del Señor actualmente? Pídale a Dios que se arrepienta de juzgarlo como merece. Pídale también que ayude a esa persona a darse cuenta de que Él no siempre se arrepiente.

CAPÍTULO 4 – SENTENCIAS

CONDICIONALES

Tal vez te hagan caso y se conviertan de su mal camino. Si lo hacen, me arrepentiré del mal que pensaba hacerles por causa de sus malas acciones. (Jer. 26:3, NVI)

...volved ahora al SEÑOR vuestro Dios, porque El es compasivo y clemente, lento para la ira, abundante en misericordia, y se arrepiente de infligir el mal. (Jl 2:13, LBLA)

Y vio Dios lo que hicieron, que se convirtieron de su mal camino; y se arrepintió del mal que había dicho que les haría, y no lo hizo (Jon 3:10)

En los capítulos anteriores vimos que Dios se arrepiente o retracta, y no siempre desata sobre nosotros Su ira en toda su magnitud. En esto se muestra la misericordia y la compasión de Dios hacia aquellos que no lo merecen. Sin embargo, en los pasajes citados al principio de este capítulo vemos otra manera en la cual Dios se arrepiente.

Analicemos Jeremías 26:3 en este contexto. Cuando comienza el capítulo 26 vemos que el Señor llamó a Jeremías a los atrios del templo para que hablara a la nación. El mensaje que el Señor le daba era muy fuerte e impactante:

> *Les dirás, pues: Así ha dicho Jehová: Si no me oyereis para andar en mi ley, la cual puse ante vosotros, para atender a las palabras de mis siervos los profetas, que yo os envío desde temprano y sin cesar, a los cuales no habéis oído, yo pondré esta casa como Silo, y esta ciudad la pondré por maldición a todas las naciones de la tierra. (Jer. 26:4-6)*

Observemos en este pasaje que el Señor le dice a Su pueblo lo que les sucedería si ellos escogían continuar en desobediencia. Él, como Dios, no dudaría en poner a la ciudad de Jerusalén por *"maldición a todas las naciones"* (v. 6). Antes de enviar a Jeremías a predicar esta palabra el Señor le dijo en el versículo 3:

> *Tal vez te hagan caso y se conviertan de su mal camino. Si lo hacen, me arrepentiré del mal que pensaba hacerles por causa de sus malas acciones. (Jer. 26:3, NVI)*

Dios dejó bien claro Sus intenciones en cuanto al mensaje. El juicio aún no era definitivo. Todo dependía de la respuesta del pueblo a la palabra de Jeremías. Si ellos se rehusaban a escuchar Su mensaje, Dios pondría a la ciudad de Jerusalén por maldición a todas las naciones, como lo prometió. La casa del Señor sería abandonada. Por otro lado, si ellos escuchaban y se volvían de sus malos caminos, Dios se arrepentiría y los libraría de este juicio.

Vemos lo mismo en el libro de Jonás. Este profeta debía ir a la ciudad de Nínive con el mensaje que el Señor le había dado para que les hablara (Jon. 3:2). En obediencia al mandato del Señor, Jonás fue a la ciudad y proclamó el mensaje que Dios le había dado:

De aquí a cuarenta días Nínive será destruida. (Jon 3:4)

¡Nuevamente notemos cuán definitivas son estas palabras! En ellas vemos lo que le sucedería a Nínive (sería destruida), y también cuándo sucedería (en cuarenta días).

Sin embargo, el pueblo de Nínive respondió en profundo arrepentimiento. El rey se despojó de su vestido, y se puso ropas de saco y se sentó sobre cenizas (Jon 3:6). Él emitió un decreto de que nadie en la ciudad (ni hombre ni animal) podía comer o beber algo. Más bien, todos debían llevar luto, volverse de sus malos caminos y clamar al Dios de Jonás por misericordia. La razón por la cual ellos hicieron esto se declara en Jonás 3:9:

Aunque el mensaje de Jonás estaba bien claro, los habitantes de Nínive clamaron a Dios y se arrepintieron de sus pecados con la esperanza de que Él se retractara y no hiciera lo que había dicho que haría.

Según Jonás 3:10, esto es exactamente lo que pasó:

Y vio Dios lo que hicieron, que se convirtieron de su mal camino; y se arrepintió del mal que había dicho que les haría, y no lo hizo. (Jon. 3:10)

La frase *"que había dicho que les haría, y no lo hizo"*, es particularmente impactante porque ellas hablan de Dios. ¿Es posible que Dios diga que hará algo y no lo haga? ¿Cómo podemos entender estos versículos a la luz de lo que conocemos acerca de Dios y Su carácter?

La respuesta a estas preguntas está implícita en la naturaleza de las palabras que Dios aquí expresa. Dios estaba emitiendo un juicio condicional sobre el pueblo de los días Jonás. Un juicio condicional es un mensaje de parte de Dios referente a lo que sucedería si el pueblo continuaba en su rebelión, sin arrepentirse y sin volverse de sus pecados. Este no era un juicio final pero sí muy determinante. Si no había arrepentimiento y si la gente se rehusaba a escuchar, la ira del Señor ciertamente caería sobre ellos.

En el caso del pueblo de Nínive, los habitantes de la ciudad escogieron arrepentirse y borrar la ofensa. Cuando Dios vio la respuesta del pueblo, se arrepintió del mal que Él pensaba hacerles y ellos se libraron del juicio.

¿Acaso era Jonás un falso profeta porque predicó que Dios iba a destruir la ciudad de Nínive en cuarenta días y no sucedió? De ninguna manera, estas cosas hubieran sucedido si no hubiera habido un cambio en el corazón del pueblo de Nínive. Dentro de cuarenta días el juicio de Dios se hubiera desatado y hubiera destruido la ciudad. Las personas de la ciudad estaban sentenciadas, y a menos que las cosas cambiaran, ellos sufrirían las consecuencias.

En ambas ilustraciones (la de Jeremías y la de Jonás) vemos cómo el pueblo de Dios estaba bajo el juicio divino. Sus pecados eran una ofensa para Dios. Ellos fueron juzgados y Dios les habló sobre Su sentencia a través de Sus profetas. El resultado de su rebelión era que su ciudad sería destruida. Dios pronunció esta sentencia sobre Su pueblo por sus pecados.

De la misma manera, nosotros estábamos sentenciados a muerte a causa de nuestros pecados (ver Romanos 6:23). Esta sentencia ya estaba dictada, y nosotros ya estábamos bajo el juicio de Dios. Pero a pesar de eso, Dios creó una vía de escape. Nos libramos de este juicio cuando nos volvemos a Su Hijo Jesucristo, nos sometemos a Él y recibimos Su perdón. Solo con esta condición podemos conocer el perdón de Dios y ser libres. Si rechazamos esta condición, continuaremos bajo Su ira y juicio. Dios sí provee una solución, pero solo hasta que la aprovechemos, seremos culpables y estaremos sentenciados al juicio. Dios solo se arrepiente (o retracta) cuando nosotros aceptamos la solución que Él provee.

En Jeremías 26, el profeta proclamó el juicio de Dios sobre la nación. Dios iba a poner Su casa en Jerusalén como Silo. En una oportunidad Silo había sido el centro de la fe de Israel, pero ahora era una ciudad abandonada. Dios se apartaría de Jerusalén y la pondría por maldición a todas las naciones de la tierra. Estas palabras de Jeremías no fueron bien recibidas por los habitantes de la ciudad. De hecho, ellos le hablaron de muerte al profeta por hablar en contra de la nación. Sin embargo, Jeremías no retiraría sus palabras, y en el capítulo 26:12-13 dijo:

> *Y habló Jeremías a todos los príncipes y a todo el pueblo, diciendo: Jehová me envió a profetizar contra esta casa y contra esta ciudad, todas las palabras que habéis oído. Mejorad ahora vuestros caminos y vuestras obras, y oíd la voz de Jehová vuestro Dios, y se arrepentirá Jehová del mal que ha hablado contra vosotros.*

Percatémonos de que el desastre contra Jerusalén ya había sido anunciado. Dios ya los había juzgado por sus pecados y rebelión. El juicio ya había sido pronunciado y muy pronto les llegaría. Si ellos no hacían nada al respecto, éste les caería irrumpiendo como una ola gigantesca, destruyendo todo a la vista. Sin embargo, Jeremías les recordó que, aunque ese juicio ya había sido dictado, aún había una forma de escapar. Si ellos escuchaban la voz del Señor, se arrepentían y cambiaban sus caminos, Dios se arrepentiría y alejaría de ellos este desastre. Todo dependía de su arrepentimiento.

El profeta Joel profetizó sobre la venida del gran día del juicio contra el pueblo de Dios. Veamos lo que él le dice a la gente de su época acerca de este juicio.

> *Tocad trompeta en Sion, y dad alarma en mi santo monte; tiemblen todos los moradores de la tierra, porque viene el día de Jehová, porque está cercano. Día de tinieblas y de oscuridad, día de nube y de sombra; como sobre los montes se extiende el alba, así vendrá un pueblo grande y fuerte; semejante a él no lo hubo jamás, ni después de él lo habrá en años de muchas generaciones. Delante de él consumirá fuego, tras de él abrasará llama; como el huerto del Edén será la tierra delante de él, y detrás de él como desierto asolado; ni tampoco habrá quien de él escape. (Jl. 2:1-3)*

La visión era muy clara. Ya se abalanzaba sobre el pueblo de Dios un enorme desastre cual si fuese un gran ejército. Ya el pueblo de Dios había sido juzgado por sus pecados y la ira de Dios ya se había desatado en contra de ellos.

¿Cuál es el consejo del profeta a la luz de este terrible juicio de Dios desatado en contra de Su pueblo? Veamos en Joel 2:12-14 lo que el profeta, bajo la inspiración del Espíritu Santo de Dios, le dice al pueblo.

> *Aun ahora—declara el Señor— volved a mí de todo corazón, con ayuno, llanto y lamento. Rasgad vuestro corazón y no vuestros vestidos; volved ahora al Señor vuestro Dios, porque El es compasivo y clemente, lento para la ira, abundante en misericordia, y se arrepiente de infligir el mal. ¿Quién sabe si volverá y se apiadará, y dejará tras sí bendición, es decir, ofrenda de cereal y libación para el Señor vuestro Dios?* (Jl. 2:12-14, LBLA)

Nuevamente vemos que aunque la sentencia ya había sido dictada y el pueblo de Dios estaba condenado a muerte, aún había esperanza. Existía un último recurso: al apartarse del pecado y buscar el rostro del Señor, ellos podían abandonarse a la misericordia de Dios y apelar a Su arrepentimiento y perdón.

Permítame terminar este capítulo mencionando varias cosas que aprendemos de los versículos que hemos analizado.

El juicio de Dios ya está sobre nosotros

En los versículos que hemos estudiado en este capítulo hay algo extraordinario, y es la manera en que Dios pronuncia un juicio muy específico sobre Su pueblo. Dios había determinado cual iba a ser la sentencia específica para cada grupo. Para las personas de los días de Jeremías, su templo sería abandonado y su ciudad se convertiría en una maldición para todas las naciones. Para los habitantes de la ciudad de Nínive, en un término de cuarenta días su ciudad sería destruida. En el caso del pueblo de los días de Joel, un gran ejército venía a destruirlos. Dios tenía un juicio muy específico para cada situación y para cada pueblo. Él consideraba el caso y determinaba la sentencia. El juicio de Dios era apropiado a la rebelión. La sentencia había sido afirmada y el juicio de Dios sería sobre cada persona involucrada.

Así mismo sucede hoy con nosotros. El juicio de Dios no espera hasta el día final, sino que ya estamos bajo Su ira. Ya Dios consideró nuestro caso y dictó Su sentencia sobre nosotros.

Dios anuncia Su sentencia condicional

La segunda lección que necesitamos ver en estos versículos es que a través de Sus profetas el Señor anunciaba Su sentencia condicional a los pueblos involucrados. Digo que estas sentencias eran condicionales porque estaban sujetas a cambio. Si el pueblo de Dios no hacía nada al respecto, sufriría la total consecuencia de la sentencia dictada en contra de ellos. Pero por otro lado, si escuchaban a Dios y tomaban Su advertencia con seriedad, el resultado final sería muy diferente.

En nuestros días, Dios continúa advirtiendo a quienes están bajo Su juicio. A través de las Escrituras Él nos muestra nuestra necesidad y nos advierte de la seriedad de nuestra condición. Dios aún nos envía Sus profetas en forma de evangelistas, predicadores y maestros para hablarnos acerca de la manera en que nos conducimos. Su Espíritu Santo nos convencerá, y Dios hará llegar a nuestras vidas circunstancias que nos adviertan acerca del juicio bajo el cual nos encontramos. Su propósito en todo esto es incitarnos a arrepentirnos y a volvernos a Él de nuestra maldad. Hemos sido sentenciados a muerte, pero no tiene que seguir siendo así. Hay una vía de escape.

Existe una vía de escape

Jeremías, Jonás y Joel, todos ellos les suplicaron a las personas de su época que escucharan, se arrepintieran y cambiaran su manera de vivir. Le dijeron al pueblo que si ellos tan solo escuchaban y hacían las cosas correctas con Dios, Él se arrepentiría y retiraría la sentencia de muerte y juicio.

No tenemos que morir. Dios es un Dios que se apiada (se arrepiente). Él no se deleita en castigar la maldad, sino que nos provee una vía de escape. No tenemos que sufrir las consecuencias del juicio de Dios si lo escuchamos, nos arrepentimos y nos volvemos a Él. La única manera de escapar de este terrible juicio es viniendo delante de nuestro Juez y clamando misericordia por medio del arrepentimiento y la obediencia.

Nuestra respuesta abre las puertas del corazón de Dios.

Por último, en estos versículos descubrimos que Dios estaba dispuesto a retractarse del desastre que Él pensaba llevar a cabo, cuando las personas que estaban bajo Su ira lo escucharan y cambiaran sus caminos. Pero aquí, Dios está buscando más que un simple cambio de comportamiento. A través de Joel, Él instó a Su pueblo a rasgar sus corazones y no solo sus vestidos (Joel 2:13). A Dios le place arrepentirse del desastre que tiene en mente si nosotros nos volvemos a Él de todo corazón.

No tenemos que permanecer bajo la sentencia de juicio. Debido a que Dios es flexible y se arrepiente, está dispuesto a revertir el curso de nuestras vidas. Su mayor acto de arrepentimiento se ve en el sacrificio de Su Hijo, el Señor Jesús, para ofrecer perdón a todo aquel que venga a Él por medio de Su Hijo. El arrepentimiento de Dios nos da gran esperanza. Incluso, aunque estamos bajo la maldición del pecado y la rebelión, aún existe una vía de escape. Si nos abandonamos a Su misericordia, Él aún puede arrepentirse y retractarse de Su ira.

Para Meditar:

- Los pasajes que hemos analizado en este capítulo nos muestran que el pueblo de Dios ya había sido juzgado por sus pecados. ¿Cuál es la diferencia entre saber que ya hemos sido juzgados y creer que un día seremos juzgados? ¿Cómo repercute esto en nuestra respuesta?

- ¿Qué es una sentencia condicional? ¿Deberíamos nosotros tomar con seriedad tal sentencia? ¿Qué hace que una sentencia sea condicional?

- Según los versículos estudiados en este capítulo, ¿cómo se revierte una sentencia condicional?

- ¿Cómo Dios nos advierte sobre nuestro juicio en la actualidad?

- Jonás profetizó que Dios destruiría a Nínive en cuarenta días, y no sucedió. ¿Acaso era Jonás un falso profeta? ¿Proclamaba él la verdad? ¿Cómo el hecho de comprender la naturaleza condicional del juicio de Dios nos ayuda a ver que Jonás era un verdadero profeta?

- ¿Cómo nos alienta el hecho de que Dios está dispuesto a arrepentirse si nos volvemos a Él?

Para orar:

- Tomemos un momento para agradecer al Señor Su disposición de arrepentirse del juicio cuando nosotros nos volvemos a Él y buscamos Su rostro.

- Agradezcamos al Señor por la manera en que Él nos ha librado del juicio bajo el cual estábamos.

- Dediquemos un momento para considerar las personas y las circunstancias que nos abrieron la mente a la realidad de nuestro juicio. Agradezcamos al Señor por la manera en que Él las trajo a nuestras vidas para advertirnos.

CAPÍTULO 5 – No me ARREPENTIRÉ

Yo Jehová he hablado; vendrá, y yo lo haré. No me volveré atrás, ni tendré misericordia, ni me arrepentiré; según tus caminos y tus obras te juzgarán, dice Jehová el Señor. (Ez. 24:14)

Porque así ha dicho Jehová de los ejércitos: Como pensé haceros mal cuando vuestros padres me provocaron a Ira, dice Jehová de los ejércitos, y no me arrepentí. (Zac. 8:14)

En los capítulos anteriores vimos la maravillosa compasión y misericordia de Dios reflejada en la palabra hebrea "naham" traducida en español como "arrepentirse" (apiadarse, retractarse, cambiar de parecer, desistir, condolerse, tener compasión, pesar). En esta palabra encontramos una fuente de gran liberación y esperanza. Nuestro Dios es un Dios perdonador que está dispuesto a restaurar a todo el que venga a Él arrepentido.

Sin embargo, después de haber dicho esto nos toca a nosotros examinar también algunos otros versículos que contienen la palabra hebrea "naham" (arrepentirse). Estos versículos nos recuerdan que Dios no está obligado a arrepentirse o a mostrar compasión y perdón.

Comencemos leyendo Ezequiel 24:14. Antes de decir cualquier cosa sobre este versículo, vayamos al contexto de Ezequiel 24. Dios le dio al profeta Ezequiel un mensaje para el pueblo de Israel. Este mensaje vino en forma de parábola, comparando a Su pueblo con una olla. Veamos lo que el Señor dice sobre esta olla (la nación de Israel).

> *Pues así ha dicho Jehová el Señor: ¡Ay de la ciudad de sangres, de la olla herrumbrosa cuya herrumbre no ha sido quitada! Por sus piezas, por sus piezas sácala, sin echar suerte sobre ella. (Ez. 24:6)*

Israel era como una olla llena de óxido. Ni siquiera el fuego lograría quitar el óxido de la olla. Así es como Dios veía a Su pueblo. Ellos estaban llenos de pecado, e incluso, aunque Dios los había disciplinado en el fuego de Su juicio, ellos insistían en darle la espalda. Esto entristeció al Señor, pero también encendió Su furia; y por medio de Su profeta Ezequiel le dijo a Su pueblo:

> *En tu inmunda lujuria padecerás, porque te limpié, y tú no te limpiaste de tu inmundicia; nunca más te*

La continua resistencia del pueblo de Dios a la obra de Su Espíritu en sus vidas tuvo como consecuencia el juicio definitivo de Dios sobre su pueblo. En este caso, Dios le dejó claro al pueblo de los días de Ezequiel, que no se arrepentiría de Su juicio. Él saciaría Su furia y ellos perecerían en su pecado y rebelión. Dios no les mostraría más compasión.

Zacarías 8:14 es otro pasaje que habla sobre el hecho de que Dios no siempre se arrepiente. La profecía de Zacarías se escribió después de que la ciudad de Jerusalén fue destruida y sus habitantes enviados al exilio. Durante setenta años el pueblo de Dios estuvo sujeto a cautiverio. La mayoría de los que habían vivido en Jerusalén cuando la ciudad fue capturada por el enemigo habían muerto en el exilio, para nunca regresar. La que una vez fue la gran ciudad de Dios, ahora yacía en ruinas. Su templo, el cual había sido el centro de la adoración a Jehová, fue profanado; sus riquezas, saqueadas; y sus importantes construcciones, quemadas hasta los cimientos.

Entonces, por medio del profeta Zacarías, el Señor le dijo a Su pueblo que vendrían días mejores. Él devolvería Su pueblo a su tierra. Dios dijo a Israel por medio de Su profeta:

> *Porque así ha dicho Jehová de los ejércitos: Como pensé haceros mal cuando vuestros padres me provocaron a ira, dice Jehová de los ejércitos, y no me arrepentí, así al contrario he pensado hacer bien a Jerusalén y a la casa de Judá en estos días; no temáis. (Zac. 8:14-15)*

Dios iba a renovar Su misericordia a la próxima generación. A los que nunca habían visto la ciudad de Jerusalén se les daría la oportunidad de regresar. Sin embargo, Dios deja bien claro que él se había rehusado a arrepentirse o a mostrar misericordia a sus padres porque ellos lo habían provocado a ira; y esto había traído como consecuencia que perdieran sus tierras, su templo y su libertad en una tierra extranjera.

Si queremos entender el misericordioso Espíritu de Dios, debemos hacerlo en el contexto de estos dos versículos. Dios sí se arrepiente del juicio, también muestra misericordia y compasión, pero esto no es algo que Él esté obligado a hacer. En los ejemplos que tenemos ante nosotros vemos cómo el pueblo de Dios supuso que ellos serían perdonados y salvados. Ellos no sintieron la urgencia del arrepentimiento, y esto fue su perdición. En un instante, el juicio de Dios cayó y perdieron todo lo que tenían.

Es algo grave dar por sentado el misericordioso Espíritu de Dios, o suponer que Él siempre mostrará compasión hacia nosotros, aun cuando persistimos en nuestra rebelión. Veamos las palabras del apóstol Pablo en Romanos 2 referente a este tema.

> *¿O menosprecias las riquezas de su benignidad, paciencia y longanimidad, ignorando que su benignidad te guía al arrepentimiento? Pero por tu dureza y por tu corazón no arrepentido, atesoras para ti mismo ira para el día de la ira y de la revelación del justo juicio de Dios.* (Ro. 2:4-5)

Percatémonos de lo que Pablo dice acerca de los que *"menosprecian las riquezas de su benignidad"* (dan por hecho que pueden hacer lo que quieran, y aún así tener garantizada la misericordia de Dios). Él les dice que la razón por la que Dios se arrepiente y no desata toda la magnitud de Su ira sobre ellos, era para que les diera tiempo de arrepentirse. Si se rehúsan, atesoran ira para sí mismos *"para el día de la ira y de la revelación del justo juicio de Dios"*.

Que Dios tenga un Espíritu que se arrepiente o se apiade no significa que no juzgará al pecado. Al contrario, más que todo, esto aumenta nuestra obligación de arrepentirnos y apartarnos del mal. Esto debe despertar en nosotros un sentido de urgencia. Imagine que usted está en una casa que se está quemando. El fuego lo rodea por todos lados y no sabe a dónde dirigirse. En su desesperación escucha un fuerte grito. Mira hacia arriba y ve que una parte de la pared se ha caído ofreciéndole un medio de escape temporal. Atrasarse, incluso por un momento, significará que quede atrapado para siempre. Sin embargo, este es un medio de escape ofrecido por unos pocos segundos. Si usted aprovecha esta oportunidad, se salvará; y si la rechaza, morirá. El arrepentimiento de Dios es como esos pocos segundos de esperanza en una situación desesperada. Por un momento, Él destruye la pared y nos muestra una vía de escape. ¡Qué necio sería no aprovechar esta gracia! Estamos bajo el juicio de Dios, pero en este breve instante, el misericordioso Espíritu de Dios revela tan solo una vía de escape. No nos arriesguemos a atrasarnos. Puede que nunca haya otra oportunidad. Este es el momento para arrepentirnos. Este es el momento para abandonarnos a Su Espíritu de amor y recibir el perdón y la misericordia que Él ofrece.

Los pasajes anteriores nos muestran que el Espíritu flexible de Dios no le impedirá juzgar el pecado y la rebelión. Por un tiempo, Él se retracta para darnos la oportunidad de arrepentirnos y salvarnos del juicio. Sin embargo, este arrepentimiento de parte de Dios no durará para siempre. El hecho de persistir en el pecado cuando Su Espíritu misericordioso nos da una vía de escape, solamente hará que atesoremos ira para nosotros mismos en el Día del Juicio.

Para Meditar:

- ¿Está Dios obligado a arrepentirse y a mostrar compasión hacia quienes pecan?

- Dé algunos ejemplos bíblicos de momentos cuando Dios ha rehusado arrepentirse.

- ¿Qué nos dice el apóstol Pablo en Romanos 2:4 sobre el propósito del arrepentimiento de Dios?

- ¿De qué manera el misericordioso Espíritu de Dios crea en nosotros un sentido de urgencia? ¿Cuál es el resultado de no aprovechar esta oferta de Dios?

Para Orar:

- Agradezcamos al Señor por el hecho de que nos muestra misericordia por algún tiempo para que tengamos la oportunidad de arrepentirnos y de restaurar nuestra comunión con Él.

- Agradezcamos al Señor que aunque Él es un Dios de misericordia y compasión, también es un Dios santo y justo, que juzgará al pecado y la rebelión.

- ¿Le ha ofrecido Dios a usted una vía de escape? Pídale que le ayude a aprovechar esta oportunidad antes que sea demasiado tarde. Pídale que le dé gracia para alejarse del pecado que Él le está mostrando hoy.

CAPÍTULO 6 – EL ARREPENTIMIENTO DE DIOS Y LA ORACIÓN

Y me habló Jehová, diciendo: He observado a ese pueblo, y he aquí que es pueblo duro de cerviz. Déjame que los destruya, y borre su nombre de debajo del cielo... Me postré, pues, delante de Jehová; cuarenta días y cuarenta noches estuve postrado, porque Jehová dijo que os había de destruir. (Dt. 9:13-14, 25)

... Señor Jehová, perdona ahora; ¿quién levantará a Jacob? porque es pequeño. Se arrepintió Jehová de esto: No será, dijo Jehová. (Am. 7:2-3)

Y me respondió: He aquí te permito usar estiércol de bueyes en lugar de excremento humano para cocer tu pan. (Ez. 4:15)

Hasta ahora hemos analizado el compasivo Espíritu de Dios desde la perspectiva de Dios y Su carácter. En el capítulo anterior comenzamos a observar la aplicación práctica de esta verdad, y hablábamos sobre no dar por sentado esta oferta de perdón y liberación. Dios no está obligado a ofrecernos disculpas. Él lo hace libre y voluntariamente con un corazón compasivo y misericordioso. Dios cede por un tiempo para que nosotros podamos arrepentirnos y podamos restaurar nuestra comunión con Él. Sin embargo, rechazar esta oferta es acumular ira sobre nosotros mismos en el Día del Juicio. Llegará el día cuando Dios dejará de arrepentirse.

Esta verdad sobre el misericordioso Espíritu de Dios también tiene otra importante aplicación. La interpretación de esta verdad debe influir en la manera en que oramos. Permítame ofrecer algunos ejemplos bíblicos al respecto.

En Deuteronomio 9, Moisés comparte la conversación que sostuvo con el Señor cuando estaba en el Monte Sinaí. Los israelitas no sabían lo que le había sucedido a Moisés, por eso llamaron a Aarón y le pidieron que les hiciera un dios que ellos pudieran ver. Ellos le tenían miedo al Dios de Israel y a Su poder; por eso Aarón les hizo un becerro de oro, y el pueblo se postró y lo adoró.

Cuando esto sucedió, Dios le habló a Moisés y le dijo:

… "He observado a ese pueblo, y he aquí que es pueblo duro de cerviz. Déjame que los destruya, y borre su nombre de debajo del cielo, y yo te pondré sobre una nación fuerte y mucho más numerosa que ellos" (Dt. 9:13-14)

El Señor estaba enojado con Su pueblo. Ese día Él le declaró a Moisés que los iba a destruir y a borrar su nombre de debajo del cielo. Moisés se fue de la montaña donde estaba la presencia del Señor para ir a ver lo que estaba sucediendo en el campamento israelita. Observemos la respuesta de Moisés a lo que vio ese día:

Y me postré delante de Jehová como antes, cuarenta días y cuarenta noches; no comí pan ni bebí agua, a causa de todo vuestro pecado que habíais cometido haciendo el mal ante los ojos de Jehová para enojarlo. Porque temí a causa del furor y de la ira con que Jehová estaba enojado contra vosotros para destruiros. Pero Jehová me escuchó aun esta vez. Contra Aarón también se enojó Jehová en gran manera para destruirlo; y también oré por Aarón en aquel entonces. (Dt. 9:18-20)

Algo extraordinario sucedió en esos días. Moisés se colocó entre Dios y el pueblo, y durante cuarenta días ayunó y oró al Señor rogándole que tuviera misericordia del pueblo al cual estaba listo para destruir. Ya el juicio había sido dictado sobre el pueblo por su rebelión. Sin embargo, cuando Moisés oró, el Señor escuchó y se arrepintió; y esto trajo consecuencia que muchas vidas fueran salvadas.

Lo que se aplicó en el caso de Moisés también fue una realidad en el ministerio del profeta Amós. En Amós 7, el Señor le mostró al profeta una visión de un gran enjambre de langostas que iba a invadir la tierra en un momento crucial de la cosecha; lo cual significaría una gran desgracia para el pueblo de Dios. Aunque este acontecimiento había sido provocado por la rebelión del pueblo de Dios, Amós clamó al Señor:

> ... *Señor Jehová, perdona ahora; ¿quién levantará a Jacob? porque es pequeño. Se arrepintió Jehová de esto: No será, dijo Jehová.* (Am. 7:2-3)

Entonces, el Señor le dio al profeta una segunda visión. Esta vez la visión era un gran juicio de fuego que venía a consumir la tierra, y nuevamente el profeta clamó a Dios:

> *...Señor Jehová, cesa ahora; ¿quién levantará a Jacob? porque es pequeño. Se arrepintió Jehová de esto: No será esto tampoco, dijo Jehová el Señor.* (Am. 7:5-6)

¿Qué observamos en estos ejemplos? En ambos casos, el juicio de Dios ya estaba listo para caer sobre Su pueblo. Sin embargo, el Señor se retractó cuando Sus profetas se pararon en la brecha y pidieron misericordia y perdón. Es evidente que de no haber sido por las oraciones de Moisés y Amós, el juicio de Dios hubiera sido desatado y muchas personas hubieran perecido.

Esa misma verdad emerge claramente en Ezequiel 22. Sin embargo, en este caso, no había nadie que intercediera por el pueblo de Dios.

> *El pueblo de la tierra usaba de opresión y cometía robo, al afligido y menesteroso hacía violencia, y al extranjero oprimía sin derecho. Y busqué entre ellos hombre que hiciese vallado y que se pusiese en la brecha delante de mí, a favor de la tierra, para que yo no la destruyese; y no lo hallé. Por tanto, derramé sobre ellos mi ira; con el ardor de mi ira los consumí; hice volver el camino de ellos sobre su propia cabeza, dice Jehová el Señor. (Ez. 22:29-31)*

Aquí en Ezequiel vemos el resultado de no tener a nadie que se parara en la brecha. El pasaje nos dice que Dios buscó un hombre que se pusiera en la brecha, pero no lo pudo encontrar, por tanto derramó Su ira. Nuevamente nos da la impresión que si hubiera habido alguien que intercediera por el pueblo de Dios, el furor de Su ira hubiera podido evitarse.

Aunque este pasaje de Ezequiel puede referirse a la necesidad del Mesías, tomado junto con los otros citados anteriormente vemos que también se aplica a nosotros. Dios nos ha llamado a interceder. Nuestras oraciones y acciones pueden tener un impacto conmovedor sobre nuestra tierra y sobre las vidas de aquellos que nos rodean. La oración y la intercesión ponen en acción la misericordia de Dios. Él escucha el clamor de Sus santos pidiendo misericordia por las naciones, y responde a esas oraciones.

Lo que es cierto de manera general, también lo es de manera personal. Por ejemplo, analicemos Ezequiel 4. Dios llamó al profeta a simbolizar el sitio de Jerusalén por parte de ejércitos extranjeros. El profeta tenía que construir una maqueta de la ciudad y levantar obras de sitio contra ella. Cuando terminara de hacerlo, debía acostarse sobre su costado por un período de días que simbolizarían el tiempo que Israel estaría bajo el juicio de Dios. Entonces Dios le dijo a Ezequiel lo que debía comer durante esos días:

> *La comida que comerás será de peso de veinte siclos al día; de tiempo en tiempo la comerás. Y beberás el agua por medida, la sexta parte de un hin; de tiempo en tiempo la beberás. Y comerás pan de cebada cocido debajo de la ceniza; y lo cocerás a vista de ellos al fuego de excremento humano. (Ez. 4:10-12)*

Ezequiel estuvo dispuesto a seguir esta dieta, pero no quiso cocinarla al fuego de excremento humano y le habló a Dios al respecto.

> *Y dije: ¡Ah, Señor Jehová! he aquí que mi alma no es inmunda, ni nunca desde mi juventud hasta este tiempo comí cosa mortecina ni despedazada, ni nunca en mi boca entró carne inmunda. (Ez. 4:14)*

En realidad Ezequiel le estaba diciendo a Dios que él no quería comer su pan cocinado sobre excremento humano, pues esto lo hacía un hombre inmundo. Él le trae a Dios sus objeciones de manera respetuosa. Lo interesante de este pasaje es ver la respuesta de Dios a la inconformidad de Ezequiel.

> *Y me respondió: He aquí te permito usar estiércol de bueyes en lugar de excremento humano para cocer tu pan. (Ez. 4:15)*

Aquí hay algo muy asombroso. Vemos que Dios escucha la petición de Su profeta. Aunque Él le había mandado a Ezequiel a preparar su pan sobre fuego hecho con excremento humano, ahora Dios es sensible a los deseos del profeta. Dios cambió su demanda cuando Ezequiel objetó al respecto.

¿Qué nos enseñan estos versículos sobre el Espíritu compasivo de Dios? Nos muestran que Dios no es un Dios rígido y sin afectos. Él es sensible cuando clamamos a Él por Su ayuda. Hay flexibilidad en los planes de Dios. Él se arrepiente y muestra compasión y misericordia cuando se la pedimos.

El hecho de que Dios tiene un Espíritu flexible y compasivo nos muestra que las cosas pueden cambiar. Hay algunas personas cuya postura acerca de la soberanía de Dios es tal que no hay cabida para el cambio. Si los sucesos y circunstancias de la vida están predeterminados a fin de que no puedan cambiar, entonces, ¿cuál es la necesidad de orar? Podemos orar esperando un cambio porque Dios tiene un Espíritu dispuesto a ceder. Él no es inflexible, sino que considerará nuestras peticiones y nos responderá cuando clamemos a Él.

Aunque Dios sí se arrepiente y cambia nuestras circunstancias, necesitamos darnos cuenta de que Él sigue siendo Dios. Hemos visto en capítulos anteriores que Dios no está obligado a arrepentirse. La oración no nos da potestad sobre Dios; ésta simplemente nos arroja hacia Su misericordia. No es que le estemos diciendo a Dios lo que tiene que hacer, sino que le suplicamos humildemente por compasión.

Moisés aprendió esta lección en Números 12:13 cuando Dios juzgó a su hermana por oponérsele a él. Dios hirió a Miriam con lepra por cuestionar la autoridad de Moisés y su llamado divino. Cuando Moisés vio que su hermana estaba llena de lepra como resultado de su pecado, clamó a Dios: *"¡Oh Dios, sánala, por favor!"* (Nm. 12:13, RVA). Observemos en este versículo el uso de la palabra *"por favor"*; en ella podemos percibir la desesperación que sentía Moisés. Aunque Dios vio la sinceridad de la súplica de Moisés, observemos cuál fue su respuesta:

> *Respondió Jehová a Moisés: Pues si su padre hubiera escupido en su rostro, ¿no se avergonzaría por siete días? Sea echada fuera del campamento por siete días, y después volverá a la congregación.* (Nm. 12:14)

Aquí Dios no le da a Moisés todo lo que quería. Él exigió que Miriam pagara el precio por su pecado y por eso, como leprosa, sería echada fuera del campamento durante siete días para que aprendiera la lección.

El mismo principio se ve en la vida del apóstol Pablo. En 2 Corintios 12:7-8, el apóstol le dijo a los corintios que él le había rogado a Dios tres veces que le quitara un "aguijón" de su carne. Pero Dios se rehusó a hacerlo y en su lugar le dijo: *"Bástate mi gracia; porque mi poder se perfecciona en la debilidad"* (2 Co. 12:9).

Dios le mandó al profeta Jeremías que no orara por el bienestar del pueblo al cual él había sido llamado.

> *Me dijo Jehová: No ruegues por este pueblo para bien. Cuando ayunen, yo no oiré su clamor, y cuando ofrezcan holocausto y ofrenda no lo aceptaré, sino que los consumiré con espada, con hambre y con pestilencia.* (Jer. 14:11-12)

Dios no es inflexible. Él está dispuesto a cambiar nuestro destino cuando clamamos a Él y nos arrepentimos de nuestros pecados. Él está dispuesto a satisfacer nuestras necesidades, a prolongar nuestras vidas sanando nuestras aflicciones, o a capacitarnos para un mayor servicio si clamamos a Él en oración. Esta flexibilidad de Dios significa que el color y la textura de nuestras vidas pueden cambiar cuando oramos o aprendemos a caminar en obediencia. El apóstol Santiago aclara esto cuando dice: *"no tenéis lo que deseáis, porque no pedís"* (Stg. 4:2)

Hay cosas que nunca experimentaremos porque no las pedimos en oración. Hay victorias que nunca conoceremos porque no pedimos a Dios por ellas. Hay niveles de eficiencia que nunca alcanzaremos simplemente porque nunca hemos estado dispuestos a buscar a Dios para recibirlos. Llegará el día cuando tengamos que responder ante Dios por esto.

Aunque la oración mueve el corazón de Dios, eso no nos da el control sobre las cosas. No oramos como un militar dando órdenes a Dios, sino como siervos humildes en busca de misericordia y compasión. Nosotros venimos a Él, que es quien tiene el control, buscando fortaleza para hacer Su voluntad. En nuestros momentos de necesidad y aflicción nos abandonamos a Su misericordia procurando Su favor. Dios no es insensible a nuestro clamor. Él está dispuesto a arrepentirse y a extender Su gracia. El hecho de que Dios tiene un espíritu misericordioso debe darnos confianza para venir a Él con nuestras súplicas y peticiones.

Para Meditar:

- ¿Existe flexibilidad en el propósito de Dios? ¿Pueden nuestras circunstancias cambiar como resultado de nuestras oraciones?

- ¿De qué manera nos da razones para orar el hecho de entender que Dios tiene un Espíritu misericordioso?

- ¿Es Dios insensible a nuestras necesidades y preferencias? ¿Está Él dispuesto a suplirnos en esta área de nuestras vidas? ¿Qué nos enseña el ejemplo de Ezequiel al respecto?

- ¿Cuál es la diferencia entre ver la oración como señal de poder sobre Dios y verla como una vía para arrojarnos en Su misericordia?

Para Orar:

- Agradezcamos al Señor que Él está dispuesto a escuchar nuestras peticiones y a cambiar nuestras circunstancias cuando venimos a Él en oración.

- Pidamos a Dios nos perdone por las veces que hemos aceptado las cosas de la manera en que estaban y no le hemos pedido que las cambie para Su gloria.

- Pidamos al Señor nos ayude a ver la oración como un medio para abandonarnos a Su misericordia. Pidamos perdón por las veces que sentimos que podíamos ordenarle a Dios que nos atendiera a nosotros y a nuestras necesidades.

- Agradezcamos al Señor que Su Espíritu compasivo está dispuesto a escuchar nuestras peticiones y como resultado, cambiar nuestras circunstancias.

Capítulo 7 – El arrepentimiento de Dios y las decisiones humanas

Él le dijo: Está bien, buen siervo; por cuanto en lo poco has sido fiel, tendrás autoridad sobre diez ciudades. (Lc. 19:17)

En el capítulo anterior vimos que Dios está dispuesto a arrepentirse y a mostrar misericordia y compasión cuando se lo pedimos. También hablamos brevemente acerca de cómo el Espíritu misericordioso de Dios nos da la esperanza de que las cosas puedan cambiar por medio de la oración.

Para continuar nuestra reflexión sobre el Espíritu misericordioso de Dios, quiero referirme a otra aplicación de esta verdad a nuestras vidas. En los pasajes citados al principio del capítulo vemos que las decisiones que tomamos en la vida influyen sobre el Espíritu compasivo de Dios. Permítame explicar lo que quiero decir con esto.

En Génesis 2:16-17 leemos la historia de Adán y Eva en el Jardín del Edén. Cuando Dios los creó, lo hizo con la intención de que vivieran en armonía con Él para siempre. La muerte no existía antes de la caída. Dios también les dio libre albedrío para que lo escogieran y caminaran en obediencia a Él. En el Huerto del Edén el Señor plantó un árbol al cuál llamó El árbol de la Ciencia del Bien y del Mal. Aunque Adán y Eva podían comer de cualquier otro árbol en el Huerto, éste les era prohibido.

> *Y mandó Jehová Dios al hombre, diciendo: De todo árbol del huerto podrás comer; mas del árbol de la ciencia del bien y del mal no comerás; porque el día que de él comieres, ciertamente morirás.* (Gn. 2:16-17)

Dios les dijo a Adán y a Eva que si comían de este árbol, ellos *"ciertamente morirían"*. En este contexto hay algo importante que debemos notar, y es que Adán y Eva tenían que tomar una decisión. Dios los había creado perfectos; estaban viviendo en comunión con Él; hubieran vivido por siempre en la presencia de Dios. Lo único que pudo separarlos de Dios fue la propia decisión que ellos tomaron de desobedecer y comer del Árbol de la Ciencia del Bien y del Mal.

En aquellos días la comunión con Dios era maravillosa. Allí en el Huerto su relación con Dios era libre de pecado. Sin embargo, cuando Adán y Eva comieron la fruta del árbol prohibido, todo cambió. Debido a la decisión que ellos tomaron de desobedecer el mandato de Dios, el Espíritu compasivo de Dios los despojó de las bendiciones que tenía para ellos. Aflicción, batallas y muerte ahora serían su recompensa. El santo Dios que los creó se arrepintió de las bendiciones que planeaba darles y en su lugar, los maldijo.

Números 25 relata la historia de la rebelión de Israel contra Dios. En aquellos días, en la tierra había gran idolatría e inmoralidad. El pueblo de Dios adoraba a los dioses de los madianitas, lo cual despertó la ira del Señor contra ellos. Como resultado de su pecado, el Señor envió una gran plaga sobre la nación que al final provocó 24 000 muertes. A medida que esta plaga arrasaba la tierra, uno de los hombres de Israel se llevó a una mujer madianita a su tienda para tener relaciones sexuales con ella. Él lo hizo a la vista de Moisés y del pueblo, sin ninguna vergüenza.

Cuando Finees, el sacerdote vio lo que había sucedido, decidió hacer algo al respecto, y Números 25:7-8 lo relata.

> *Y lo vio Finees hijo de Eleazar, hijo del sacerdote Aarón, y se levantó de en medio de la congregación, y tomó una lanza en su mano; y fue tras el varón de Israel a la*

La plaga que devastaba a Israel estaba costando miles de vidas. Solo cuando Finees tomó su lanza y mató a este hombre y a esta mujer en su evidente acto de rebelión contra Dios, la plaga se detuvo. Su acción causó que Dios se arrepintiera y detuviera el juicio sobre la tierra.

El rey Acaz era un rey muy malo. Bajo su reinado, cerraron las puertas del templo (2 Cr. 28:24) y llenaron la tierra de altares. Esto trajo como consecuencia que el juicio de Dios cayera sobre la nación. Veamos cómo se describe la tierra cuando Ezequías, el hijo de Acaz, tomó el trono.

Por tanto, la ira de Jehová ha venido sobre Judá y Jerusalén, y los ha entregado a turbación, a execración y a escarnio, como veis vosotros con vuestros ojos. (2 Cr. 29:8)

Sin embargo, el rey Ezequías, a diferencia de su padre Acaz, eligió andar en los caminos del Señor. Abrió las puertas del templo que su padre había cerrado, y encargó a los sacerdotes y levitas que purificaran el templo a fin de restaurar en la tierra la adoración a Dios. Como parte del proceso de restauración, el rey Ezequías envió cartas para invitar al pueblo de Dios al templo para celebrar la Pascua. Una porción de esa invitación decía así:

> *No endurezcáis, pues, ahora vuestra cerviz como vuestros padres; someteos a Jehová, y venid a su santuario, el cual él ha santificado para siempre; y servid a Jehová vuestro Dios, y el ardor de su ira se apartará de vosotros. Porque si os volviereis a Jehová, vuestros hermanos y vuestros hijos hallarán misericordia delante de los que los tienen cautivos, y volverán a esta tierra; porque Jehová vuestro Dios es clemente y misericordioso, y no apartará de vosotros su rostro, si vosotros os volviereis a él.* (2 Cr. 30:8-9)

Es significativo notar en estos versículos lo que Ezequías nos dice sobre Dios. Él le dijo a su pueblo que si se volvían al Señor, el ardor de su ira se apartaría. Si ellos se volvían al Señor, sus hijos y hermanos hallarían misericordia delante de los que los tenían cautivos, y volverían. Si ellos se volvían al Señor, Él se volvería a ellos. El pueblo estaba atravesando el juicio de Dios. 2 Crónicas 29:8 nos dice que ellos habían sido entregados a "turbación, a execración y a escarnio". Ezequías creyó que todo esto podía cambiar porque Dios era un Dios misericordioso y compasivo que se arrepentiría de Su juicio si ellos se volvían a Él. Sin embargo, para que Dios se arrepintiera, ellos necesitaban cambiar su manera de vivir y debían aprender a caminar en obediencia a Él. Su decisión impactaría en su futuro como nación. Dios sería conmovido por la decisión del pueblo de volverse a Él. Aunque la oración es importante y realmente lleva a Dios a retractarse, nuestras acciones también son de suma importancia. No podemos esperar ver que nuestras situaciones cambien si no estamos dispuestos a caminar en obediencia a Dios. El deseo de Ezequías era ver a Dios arrepentirse del desastre que había traído sobre ellos cuando Él viera la sinceridad de los corazones de Su pueblo al andar en obediencia.

En Lucas 19 Jesús contó la parábola de un hombre noble que se fue de viaje y dejó el dinero con sus siervos para que lo invirtieran en negocios hasta que volviera. A su regreso, este hombre pidió cuentas acerca de lo que sus siervos habían hecho con este dinero mientras él estaba lejos. El primer siervo informó que él había multiplicado su dinero diez veces (Lc. 19:16-17). Entonces él recibió el elogio de su señor y le fue dada autoridad sobre diez ciudades. El segundo siervo multiplicó el dinero de su señor cinco veces; y él también recibió la aprobación de de su señor y le fue dada autoridad sobre cinco ciudades (Lc. 19:18-19). El tercer siervo guardó el dinero de su señor en un pañuelo, y cuando le pidieron que informara, él solo devolvió lo que su señor le había dado. El señor reprendió a este siervo, tomó lo que le había dado y se lo entregó al que había incrementado su dinero diez veces (Lc. 19:24).

Vemos cómo las decisiones de cada uno de los siervos influyeron sobre el amo. Al que fue fiel, se le dio aún más; pero al que fue infiel, se le quitó lo que tenía y se le dio al otro. El señor bendijo al tercer siervo con una suma de dinero. Cuándo éste demostró que era infiel en la manera en que usó ese dinero, el señor se arrepintió y se lo dio a alguien que era fiel. ¿Qué aprendemos de esta parábola? ¿Acaso no nos enseña que Dios es el Dador de toda dádiva, y que nos hace responsables de todo lo que nos ha dado? Sin embargo, además de esto, vemos que el Dador de toda dádiva también puede arrepentirse y quitarnos los dones/posesiones que nos ha dado si somos infieles.

Nuestras acciones mueven el Espíritu compasivo de Dios. Por un lado, nuestra infidelidad puede significar que Él se arrepienta y nos quite los privilegios y bendiciones que quería darnos. Por otro lado, nuestra obediencia y arrepentimiento puede también mover Su Espíritu compasivo a extender misericordia y compasión.

¿Qué debemos entender a partir de estos ejemplos? Que tenemos un Dios soberano que está en control de todas las cosas; que tiene un propósito y un plan, y sin embargo, no es inflexible. Él puede cumplir Su plan por medio nuestro o a través de alguien más. Aunque Dios realmente tiene un plan para nuestras vidas, las decisiones que tomamos pueden impactar su desarrollo. Dios no es un áspero capataz que nos obliga a someternos. Él nos da libre albedrío para caminar íntegramente en Su propósito o escoger desobedecerle. Adán y Eva desobedecieron en el Huerto y se alejaron del propósito de Dios. La historia del pueblo de Israel es un claro ejemplo de cómo el pueblo de Dios no caminó íntegramente en las bendiciones que Él tenía para ellos.

Nuestras decisiones en la vida impactan el Espíritu misericordioso de Dios. Él puede arrepentirse del bien que pretendía hacernos, o puede arrepentirse del juicio que pensaba traer sobre nosotros. Dios puede arrepentirse y quitar las bendiciones que tenía para nosotros o puede arrepentirse y derramar aún más. Nuestras decisiones y acciones pueden influir sobre este misericordioso corazón de Dios.

¡Cuán alentador y a la vez desafiante es el hecho de que Dios interactúa con Sus siervos en el desarrollo de Su propósito! Como soberano señor, Dios puede mostrar misericordia a aquellos que se arrepienten. Él puede aumentar nuestra responsabilidad o quitarnos aquellas bendiciones que no hemos usado para Él con fidelidad. Él interactúa con nosotros en el desenvolvimiento de Su gran propósito. Es impresionante considerar el hecho de que el propósito de Dios avanza a pesar de nuestras fallas y deficiencias. Dios castiga y muestra misericordia; retira sus bendiciones a algunos y bendice a otros. En todo esto, el propósito de Dios continúa avanzando. La pregunta no es si Dios cumplirá Su propósito, sino en cual parte tendré el privilegio de participar en ese gran propósito ¿Seré, por mi fidelidad, un instrumento de gran bendición, o perderé la meta que Él tiene para mí? ¿Cómo las decisiones que tome en la vida impactarán el misericordioso corazón de Dios?

Para Meditar:

- ¿Cómo la decisión de Adán y Eva influyó en lo que Dios les hizo en el Huerto del Edén?

- ¿Cómo la decisión de Finees el sacerdote rompió la maldición de Dios sobre la tierra?

- ¿Qué creyó Ezequías que pasaría si el pueblo de Dios se arrepentía de sus pecados y hacia lo correcto ante Dios?

- Según Lucas 19, ¿cómo nuestra fidelidad o infidelidad influyen el corazón misericordioso de Dios?

- ¿Qué aprendemos en este capítulo sobre la manera en que Dios se relaciona con nosotros al desarrollar Su propósito?

Para Orar:

- Tomemos un momento para agradecer al Señor por el hecho de que nuestro arrepentimiento mueve su corazón y en ocasiones revierte la maldición de la desobediencia en nuestras vidas.

- ¿Hemos sido fieles con lo que el Señor nos ha dado? Pidamos al Señor nos dé gracia para ser fieles para usar lo que Él nos ha dado para Su gloria.

- Agradezcamos al Señor que Él es soberano sobre todos los asuntos de esta vida, aún cuando nosotros somos infieles.

- Pidamos al Señor nos dé un corazón que anhele ser parte del gran desarrollo de Su propósito en este mundo. Démosle gracias por el privilegio que nos da de desempeñar un rol en este maravilloso plan

Capitulo 8: Una palabra de advertencia

Pero no agradó a Samuel esta palabra que dijeron: Danos un rey que nos juzgue. Y Samuel oró a Jehová. Y dijo Jehová a Samuel: Oye la voz del pueblo en todo lo que te digan; porque no te han desechado a ti, sino a mí me han desechado, para que no reine sobre ellos. (1 S. 8:6-7)

Ve y di a Ezequías: Jehová Dios de David tu padre dice así: He oído tu oración, y visto tus lágrimas; he aquí que yo añado a tus días quince años. (Is. 38:5)

Por lo cual también Dios los entregó a la inmundicia, en las concupiscencias de sus corazones, de modo que deshonraron entre sí sus propios cuerpos, ya que cambiaron la verdad de Dios por la mentira, honrando y dando culto a las criaturas antes que al Creador, el cual es bendito por los siglos. Amén. (Ro. 1:24-25)

En este breve estudio hemos intentado analizar varios versículos que hablan del corazón compasivo de Dios. Hemos visto que Dios no es inflexible en Su propósito. Encontramos gran esperanza en el hecho de que Dios está dispuesto a arrepentirse del juicio cuando nosotros nos arrepentimos del mal y nos volvemos a Él. Sin embargo, en este capítulo final quiero examinar unos pocos pasajes de las Escrituras que nos desafían a tener gran precaución respecto a esta verdad acerca de Dios.

Ya hemos visto que nuestras acciones pueden influir en las decisiones que Dios toma. En la parábola de Jesús que hablaba sobre los siervos que recibieron dinero con el fin de invertirlo para su señor (Lc. 19:11-26), vimos cómo la infidelidad de un siervo hizo que el señor le quitara su dinero y se lo diera a alguien que sería fiel al usarlo. También vimos que aunque el propósito de Dios es bendecir a los que andan en obediencia, Él también puede arrepentirse y retirar su bendición de aquellos que escogen desobedecer. Esta verdad debería desafiarnos a caminar en fiel obediencia al Señor.

Para concluir esta breve reflexión quiero analizar tres pasajes de las Escrituras que nos desafían a nunca dar por sentado al corazón compasivo de Dios. El primer pasaje se encuentra en 1 Samuel 8. En este capítulo encontramos que el profeta Samuel era de edad avanzada. Él tenía dos hijos que eran jueces en Israel, pero ellos no andaban en los caminos del Señor. 1 Samuel 8:3 (LBLA) nos dice que ellos "aceptaron sobornos y pervirtieron el derecho".

Los ancianos de Israel se a acercaron a Samuel y le dijeron que ellos no estaban contentos con sus hijos como gobernantes. En su lugar, querían tener un rey como las otras naciones vecinas. Aquí hay algo importante que debemos entender y es que Dios era el rey de Israel. Él hablaba por medio de Sus profetas y jueces, y comunicaba Su propósito. Sin embargo, Israel quería un rey humano como las naciones circundantes.

Esta petición desagradó mucho a Samuel, por lo que la presentó al Señor, y Dios le habló ese día:

> *Y dijo Jehová a Samuel: Oye la voz del pueblo en todo lo que te digan; porque no te han desechado a ti, sino a mí me han desechado, para que no reine sobre ellos. (1 S. 8:7)*

Sin embargo, Dios le continuó diciendo a Samuel que él debía advertir al pueblo sobre lo que sucedería si ellos continuaban por esa dirección. Estos reyes tomarían sus hijos e hijas para su ejército y los haría esclavos. El rey demandaría el diezmo de sus granos, de sus viñas y de sus rebaños para alimentar a su ejército y a sus siervos. Dios le advirtió al pueblo a través de Samuel que llegaría el día en que el pueblo de Israel clamaría a causa de la opresión de su rey, pero Dios no les respondería. (1 S. 8:11-18).

Dios dejó bien claro cuál sería el resultado de escoger un rey. Estos reyes los despojarían y por último, se convertirían en una maldición para ellos. El pueblo clamaría a Dios, pero Él ya no respondería sus oraciones porque ellos habían escogido su propio camino. Al elegir un rey, también estaban eligiendo las consecuencias. Israel persistió en su decisión de querer un rey y por eso Dios cedió y les concedió el deseo de su corazón. Dios permitió que Israel lo rechazara a Él como su rey y lo reemplazaran por uno terrenal sabiendo que a la larga, estos reyes no serían de bendición para ellos.

Analicemos otro ejemplo en Isaías 38. Este pasaje nos narra la historia del rey Ezequías. Él se convirtió en rey al mismo tiempo que ocurría una grave rebelión contra Dios. Las puertas del templo se habían cerrado y no se podía adorar a Dios. Ezequías restauró la adoración a Dios y purificó el templo de todas sus impurezas. A pesar de estas buenas obras, llegó el día en que Ezequías enfermó. Isaías 38:1 nos dice que estaba a punto de morir a causa de su enfermedad.

En aquellos días, Isaías vino a Ezequías con una profecía de parte del Señor:

> *Y vino a él el profeta Isaías hijo de Amoz, y le dijo: Jehová dice así: Ordena tu casa, porque morirás, y no vivirás.* (Is. 38:1)

Estas fueron palabras muy claras de parte del Señor, *"no vivirás"*. Esta noticia afligió a Ezequías en gran manera provocando que clamara a Dios. Isaías 38.3 nos dice que Ezequías *"lloró amargamente"* (LBLA), y le recordó a Dios cómo él le había servido fielmente. Dios escuchó esas oraciones del rey Ezequías y envió nuevamente a Isaías con otro mensaje.

> *Ve y di a Ezequías: Jehová Dios de David tu padre dice así: He oído tu oración, y visto tus lágrimas; he aquí que yo añado a tus días quince años. (Is. 38:5)*

Aquí vemos cómo Dios cambió de parecer y le añadió a Ezequías quince años de vida. Y algo importante que debemos observar aquí es lo que iba a suceder en esos quince años. Cuando Ezequías murió, su hijo Manasés ocuparía el trono en lugar de su padre. Veamos en 2 Reyes 21:1 que Manasés tenía doce años cuando comenzó a reinar. Eso quiere decir que Manasés nació durante esos quince años que Dios le añadió a Ezequías. Observemos cómo se describe el reinado de Manasés en 2 Reyes 21:10-16:

> *Habló, pues, Jehová por medio de sus siervos los profetas, diciendo: Por cuanto Manasés rey de Judá ha hecho estas abominaciones, y ha hecho más mal que todo lo que hicieron los amorreos que fueron antes de él, y también ha hecho pecar a Judá con sus ídolos; por*

tanto, así ha dicho Jehová el Dios de Israel: He aquí yo traigo tal mal sobre Jerusalén y sobre Judá, que al que lo oyere le retiñirán ambos oídos. Y extenderé sobre Jerusalén el cordel de Samaria y la plomada de la casa de Acab; y limpiaré a Jerusalén como se limpia un plato, que se friega y se vuelve boca abajo. Y desampararé el resto de mi heredad, y lo entregaré en manos de sus enemigos; y serán para presa y despojo de todos sus adversarios; por cuanto han hecho lo malo ante mis ojos, y me han provocado a ira, desde el día que sus padres salieron de Egipto hasta hoy.

Fuera de esto, derramó Manasés mucha sangre inocente en gran manera, hasta llenar a Jerusalén de extremo a extremo; además de su pecado con que hizo pecar a Judá, para que hiciese lo malo ante los ojos de Jehová.

El rey Ezequías le imploró a Dios que lo sanara. Dios se retractó de tomar su vida y le añadió quince años más. En esos quince años nació su hijo Manasés, quien echaría por tierra todo lo bueno que su padre Ezequías había hecho, y llenaría a Jerusalén, de un extremo al otro, de sangre inocente (2 R. 21:16). Él le provocó al Señor una ira tal, que el Señor dijo: *"desampararé el resto de mi heredad, y lo entregaré en manos de sus enemigos"* (2 R. 21:14).

Dios cedió y le dio a Ezequías lo que él quería, pero esto tuvo un costo. En aquellos días, todas sus reformas fueron revertidas por su hijo y Dios quitó Su bendición de la nación. Si Ezequías hubiera aceptado el propósito inicial de Dios, Manasés nunca hubiera nacido. Si hubiera sido así, no sabemos cuál hubiera sido el resultado. Sin embargo, lo que sí sabemos es que algunas veces Dios concede nuestras peticiones pero nos hace enfrentar las consecuencias.

Veamos lo que el apóstol Pablo dice en Romanos 1:22-24 sobre la gente de sus días.

> *Profesando ser sabios, se hicieron necios, y cambiaron la gloria del Dios incorruptible en semejanza de imagen de hombre corruptible, de aves, de cuadrúpedos y de reptiles. Por lo cual también Dios los entregó a la inmundicia, en las concupiscencias de sus corazones, de modo que deshonraron entre sí sus propios cuerpos, ya que cambiaron la verdad de Dios por la mentira, honrando y dando culto a las criaturas antes que al Creador, el cual es bendito por los siglos. Amén. (Ro. 1:22-25)*

Al igual que el pueblo de Israel exigía un rey, así también las personas de los días de Pablo exigían ser libres de las leyes y los principios de la Palabra de Dios. Ellos profesaban ser sabios y creían que sabían más que Dios. Escogieron su propio camino —un camino que los alejaría del propósito de Dios para sus vidas. No era el deseo de

Dios que estos individuos adoraran ídolos y deshonraran sus cuerpos entre ellos mismos. Sin embargo, su insistencia en hacer las cosas a su modo causó que Dios los entregara a sus propios deseos. Ellos sufrirían las consecuencias de sus acciones en la sociedad y en sus propias vidas.

¿Qué nos enseñan estos pasajes? Nos enseñan que nunca debemos dar por sentado el corazón compasivo de Dios. ¡Qué hermoso privilegio es saber que cuando oramos Dios escucha nuestras oraciones y se arrepiente de juzgarnos cuando realmente nos hemos arrepentido! ¡Qué esperanza tenemos al saber que cuando clamamos a Dios, Él nos restaurará la salud y las bendiciones que nos había quitado! Dios no es inflexible en Su propósito para nuestras vidas. Sin embargo, debemos entender que cuando empezamos a sentir que sabemos lo que es mejor para nuestras vidas, y persistimos en ello (contrario al propósito de Dios), Dios puede concedernos lo que pedimos, pero no será para nuestro bien. Israel recibió su rey, la vida de Ezequías se alargó y a las personas de los días de Pablo se les concedió la libertad para practicar sus inmoralidades, pero cada uno sufrió las consecuencias.

Dios se arrepiente de bendecir a Su pueblo, pero también se arrepiente de castigarlo. Cuando nos acercamos al Dios santo y soberano, cuyo corazón es misericordioso, debemos hacerlo reverentemente buscando Su voluntad. Debemos aprender a clamar para que Su propósito se cumpla en nosotros y a través de nosotros. Debemos aprender a poner a Dios antes que nuestros propios planes y deseos. De cierta forma, yo creo que hay muchas cosas que Dios quiere cumplir a través de nosotros, como pueblo Suyo que somos. La vida sin frutos que experimentamos puede ser cambiada; las murallas del pecado pueden ser destruidas; la maldición puede ser deshecha. No estamos destinados a vivir en derrota. Cuando tomamos seriamente la Palabra de Dios y aprendemos a caminar en obediencia y oración, las cosas pueden cambiar. El corazón compasivo de Dios se conmueve por nuestra fidelidad y obediencia en un espíritu de oración, y derrama sobre nosotros Sus bendiciones.

¿Ha clamado usted hoy a Dios? ¿Existen cosas en su vida sobre las cuales necesita vencer, pero simplemente se ha resignado a la derrota? ¿Ya le ha hablado a Dios al respecto? ¿No clamará usted por la victoria que necesita para entonces caminar en una victoria y fidelidad mayores? El corazón compasivo de Dios se conmueve por nuestro clamor sincero de hacer Su voluntad. Sin embargo, tengamos cuidado no sea que demos por sentado esta cualidad de Dios. Aquellos que vienen a Dios con sus peticiones, deben procurar Su voluntad, no sea que al demandar la suya propia, luego sufran las consecuencias de su insistencia.

Para Meditar:

- ¿Quién era el verdadero Rey de Israel? ¿Cuál fue el pecado de Israel al pedir un rey terrenal? ¿Concedió Dios su petición? ¿Cuáles fueron las consecuencias?
- ¿Cómo le causó problemas a Israel en los años venideros la oración de Ezequías pidiendo sanidad?
- ¿Nos da Dios lo que le pedimos insistente y obcecadamente, incluso si no nos conviene? Mencione algunos ejemplos de las Escrituras.
- ¿Qué aprendemos aquí sobre el arrepentimiento de Dios a fin de castigar a los que persisten en el pecado?
- ¿Por qué es importante que busquemos la voluntad de Dios en oración y servicio?

Para Orar:

- Agradezcamos a Dios que Él es un Dios soberano que tiene un propósito y un plan para nuestras vidas.

- Pidamos a Dios que nos dé un corazón que busque Su voluntad para nuestras vidas. Pidámosle gracia para humillarnos a Su voluntad y procuremos Su gracia para llegar a ser todo lo que Él quiere que seamos.

- Dediquemos un momento para examinar nuestras vidas en lo personal. ¿Existen áreas en nosotros que no están en sintonía con la perfecta voluntad de Dios? Sometamos esas áreas al Señor y pidámosle gracia y sabiduría para vivir en victoria.

- ¿Hemos estado buscando nuestro propio propósito y no el del Señor? Pidámosle que nos perdone. Dediquemos ahora un momento para confesarle esto al Señor, y pidámosle nos ayude a buscar solamente Su propósito para nuestras vidas y servicio.

Distribuidora de libros "Light to my path"

La distribuidora de libros "Light To My Path" (LTMP, por sus siglas en inglés) es un ministerio que se encarga de escribir y distribuir libros y hacerlos llegar a obreros cristianos de bajos recursos en Asia, América Latina, y África. Existen muchos obreros cristianos que viven en países en vías de desarrollo y no poseen los recursos necesarios para obtener formación bíblica o adquirir materiales para estudios bíblicos para sus ministerios y su crecimiento personal. F. Wayne Mac Leod es miembro de los ministerios de Acción Internacional y ha estado escribiendo estos libros con miras a distribuirlos gratuitamente o a precio de costo entre pastores necesitados y obreros cristianos de todo el mundo.

Hoy en día miles de estos libros se están utilizando para predicar, enseñar, evangelizar y alentar a creyentes locales en más de sesenta países. Estos libros ya han sido traducidos a varios idiomas, y la meta es que estén disponibles a tantos lectores como sea posible.

El ministerio LTMP es un ministerio basado en la fe, por eso confiamos en el Señor para la provisión de los recursos necesarios y así distribuir literatura que sirvan de aliento y fortalecimiento a creyentes del mundo entero. Te invitamos a orar para que el Señor abra las puertas necesarias y estos libros sean traducidos y luego distribuidos.

Si desea más información sobre "Light To My Path", por favor, visite nuestro sitio de Internet en https//www.lighttomypath.ca

www.ingramcontent.com/pod-product-compliance
Lightning Source LLC
Chambersburg PA
CBHW021118130726
47988CB00003B/1072